Willkommen in der Kirche

Die brennenden **Kerzen** erinnern an Jesus Christus, der von sich sagt: »Ich bin das Licht der Welt.«

Die **Orgel** gilt als die Königin der Instrumente: genau das Richtige zum Lob Gottes. Große Orgeln sind wahre Kunstwerke, aber im Prinzip funktionieren alle gleich: Luft wird, wie bei einer Flöte oder einer Trompete, durch Pfeifen aus Holz oder Metall geblasen, die dann den Ton erzeugen.

Lass dir die Redewendung »alle Register ziehen«, die aus dem Bereich des Orgelspielens stammt, von eurer Organistin erklären.

Auf der **Kanzel** wird die Predigt gehalten. Die Kanzel befindet sich in einer evangelischen Kirche immer an einer hervorragenden Stelle, um die Bedeutung des Wortes Gottes hervorzuheben.

Stelle dich auf die Kanzel in deiner Kirche und werde selbst zum Verkündiger des Wortes Gottes, indem du einen Abschnitt aus der Bibel liest, zum Beispiel Matthäus 5,3–11.

In jeder Kirche steht vorne der **Altar.** Er wird auch »Tisch des Herrn« genannt. Auf ihm wird das Abendmahl gefeiert. Die Blumen drücken unseren Dank gegenüber Gott für die guten Gaben der Schöpfung aus: »Ja, Gott, du hast alles wunderbar geschaffen!«

Schmückt mit eurer Konfirmandengruppe den Altar.

Paramente werden die gewebten oder bestickten Behänge genannt, die am **Altar**, an der **Kanzel** und am **Lesepult** hängen. Ihre wechselnden Farben und Symbole bringen in jeder Jahreszeit die christliche Botschaft auf den »Punkt«.

Lass dir vom Mesner bzw. Küster die verschiedenen Paramente, die es in eurer Kirche gibt, zeigen und versuche sie zu entschlüsseln.

Die **Bibel** liegt in der Mitte des Altars. Damit kommt zum Ausdruck: Alles in der Kirche muss sich messen lassen am Wort Gottes!

Schaue in eurer Altarbibel nach, welche Seite aufgeschlagen ist. Nimm sie in die Hand und lies einen Vers oder einen Abschnitt.

Das **Taufbecken** wird bei der Taufe mit Wasser gefüllt. Früher wurden die Täuflinge ganz ins Taufbecken getaucht und wieder herausgehoben. Deshalb sind die alten Taufsteine auch sehr groß. Das Untertauchen ist wie sterben. Das Herausheben wie auferstehen. Es verdeutlicht, dass wir bei der Taufe mit dem Sterben und der Auferstehung Jesu verbunden werden.

Heute werden meist nur noch Taufschalen benutzt. Der Täufling wird dabei an der Stirn mit Wasser benetzt.

Der Weg durch den Gottesdienst

»Die Kirche« – dabei denkst du wahrscheinlich zuerst an ein Gebäude, die Kirche eben. Viele Kirchen prägen mit ihrem hohen Kirchturm das Ortsbild, manche sind sehr alt und so berühmt, dass sie von Touristen besichtigt werden.

»Die Kirche« – das sind aber vor allem die Menschen, die sie besuchen, die Gemeinde. Ihr Mittelpunkt ist der Gottesdienst.

Jeder Gottesdienst läuft nach bestimmten Regeln ab, der Liturgie. Am Anfang kommt es einem fremd vor, wenn die Gemeinde plötzlich aufsteht oder einen Liedvers singt, der nicht auf der Liedtafel steht. Aber alles hat eine Bedeutung.

Vielleicht wird in den Gottesdiensten in deinem Ort etwas anders gemacht. Die genauen Abläufe des Gottesdienstes sind in den verschiedenen Regionalkirchen in Deutschland unterschiedlich. Auf jeden Fall hilft dir ein Gesangbuch weiter, in dem alles ganz genau steht.

7   Predigt

Die Predigt steht im Zentrum des evangelischen Gottesdienstes. Sie wird von der Kanzel aus gehalten. Für jeden Sonntag ist ein Predigttext vorgeschlagen, dessen Bedeutung der Pfarrer oder die Pfarrerin genauer erklärt.

6   Schriftlesung

Die Lesung aus der Bibel bezieht sich auf das Thema des Gottesdienstes und auf den Predigttext.

5   Gebet / Stilles Gebet

Nach dem gesprochenen Gebet folgt eine Zeit der Stille. Es ist die Einladung, selbst mit Gott zu reden und ihm zu sagen, was dich gerade beschäftigt.

4   Psalm

Psalmen sind Gebete, die im Wechsel gesprochen oder gesungen werden. Sie werden abgeschlossen mit dem gesungenen Lob der Gemeinde »Ehr sei dem Vater und dem Sohn und dem Heiligen Geist ... Amen, Amen.«

3   Eröffnung und Begrüßung

»Im Namen Gottes des Vaters und des Sohnes und des Heiligen Geistes«. Damit beginnt jeder Gottesdienst und macht bewusst, dass Gott gegenwärtig ist. Die Gemeinde antwortet mit dem gesungenen »Amen«. Oft schließt sich eine persönliche Begrüßung an.

2   Lieder

Die Lieder sind an der Liedertafel angeschrieben. Im Singen loben wir Gott. Das gemeinsame Singen ist Ausdruck der Gemeinschaft.

1   Glocken

Die Glocken läuten und laden dich zur Teilnahme am Gottesdienst ein. Am Eingang nimmst du dir ein Gesangbuch. Manche sprechen ein stilles Gebet, bevor sie sich setzen.

8 Abendmahl

An dieser Stelle kann das Abendmahl
gefeiert werden. Es findet nicht in jedem
Gottesdienst statt. Alle sind eingeladen,
um in Brot und Wein/Traubensaft
die Gegenwart Gottes zu schmecken.

9 Fürbitte und Vaterunser

Bei der Fürbitte wird für den Frieden
in der Welt und für jeden Einzelnen,
für die weltweite Kirche und die
eigene Kirchengemeinde gebetet.
Es folgt das Vaterunser, das alle
Christen auf der Welt verbindet.
Währenddessen läutet eine Glocke
und lädt auch Menschen zum
Mitbeten ein, die nicht in die
Kirche kommen konnten.

10 Bekanntgaben

Die Gemeinde wird über die Ver-
anstaltungen der Woche und
das Gottesdienstopfer infor-
miert. Es wird auch bekannt
gegeben, wenn jemand
gestorben ist, getauft wird
oder heiratet.

11 Segen

Im Namen Gottes wird der
Segen zugesprochen: »Der
Herr segne dich und behüte
dich. Der Herr lasse sein
Angesicht leuchten über
dir und sei dir gnädig. Der
Herr erhebe sein Angesicht
auf dich und gebe dir
Frieden.« Die Gemeinde
bestätigt dies mit dem
dreifach gesungenen
Amen.

12 Nachspiel

Mit dem Nachspiel der
Orgel klingt der Gottes-
dienst aus. Am Ausgang
kannst du eine Spende
in die Opferbüchse legen.

Das Kirchenjahr

Das Kirchenjahr orientiert sich an den christlichen Festen und beginnt am 1. Advent. Die Adventszeit führt zum ersten großen Fest: Weihnachten, die Geburt Jesu. Jeder Sonntag im Kirchenjahr hat einen Namen, der oft noch lateinisch ist. »Trinitatis« bedeutet zum Beispiel »Dreieinigkeit«. Das Kirchenjahr endet mit dem Ewigkeits- oder Totensonntag, bevor es mit dem 1. Advent wieder beginnt.

Den Zeiten und Festen sind bestimmte Farben zugeordnet. Jede Farbe hat eine besondere Bedeutung. Du erkennst die jeweils geltende Farbe an den Paramenten, dem Schmuck von Altar und Kanzel.

An **Weihnachten** feiern wir die Geburt Jesu. Die Gottesdienste an Heiligabend sind die bestbesuchten im ganzen Jahr. Oft wird ein Krippenspiel aufgeführt, das die Weihnachtsgeschichte (Lukas 2) veranschaulicht.

Karfreitag und Ostern sind die wichtigsten Feiertage der Christenheit. Karfreitag erinnert an den Kreuzestod Jesu, Ostern an seine Auferstehung von den Toten (Markus 15 und 16). Zum Gottesdienst an Karfreitag gehört eine Abendmahlsfeier. Die Osternacht wird oft als Auferstehungsgottesdienst mit vielen Kerzen gefeiert.

Trinitatiszeit

Buß- und Bettag

Reformationsfest

Erntedank

Sonntage nach Trinitatis

Trinitatis

Circular diagram labels (clockwise):

- Weihnachtszeit
- Adventszeit
- Weihnachten
- Epiphanias
- Epiphaniaszeit
- Letzter So. nach E.
- Sonntage vor der Passionszeit
- Passionszeit
- Gründonnerstag
- Karfreitag
- Ostern
- Österliche Freudenzeit
- Konfirmation
- Himmelfahrt
- Osterzeit

□ **Weiß**

ist die Farbe der Reinheit und der Freude über Jesus. Weiß ist die Summe aller Farben.

■ **Rot**

ist die Farbe des Feuers. Sie erinnert an die Kraft des Heiligen Geistes und die Gründung der Kirche.

■ **Grün**

ist die Farbe des Wachsens und Reifens, die Farbe der Schöpfung. Sie symbolisiert das lebendige Wachstum der Gemeinde Gottes.

■ **Violett**

ist die Farbe der Stille und Besinnung. Sie bereitet uns in den Fastenzeiten, Advent und Passionszeit, auf die großen Feste Weihnachten und Ostern vor.

Pfingsten ist das Fest des Heiligen Geistes (Apostelgeschichte 2). Es wird immer 50 Tage nach Ostern gefeiert.

Eure **Konfirmation** gehört auch für die Gemeinde zu den Höhepunkten im Kirchenjahr. Die Termine liegen in der Regel nach Ostern.

Am **Erntedankfest** Anfang Oktober wird aus Korn, Kartoffeln, Obst, Gemüse und Blumen ein schöner Erntedankaltar gestaltet. Es erinnert daran, dass Gott uns mit allem versorgt, was wir zum Leben brauchen.

Glauben kannst du nicht allein

Mit deiner Konfirmandengruppe kannst du vieles in deiner Gemeinde entdecken, das es schon gibt. Was machen eigentlich die Senioren, wenn sie sich treffen, und worüber entscheidet der Kirchengemeinderat? Du kannst deine Kirche auch mitgestalten: Wie wäre es mit einem Gottesdienst, den ihr als Konfirmanden selbst plant, oder mit einer Ausstellung, zu deren Eröffnung ihr die Gemeinde einladet? Versteckt euch als Konfi-Gruppe nicht in eurer Gemeinde. Es interessiert die anderen, was ihr denkt, wenn ihr offen auf sie zugeht. Dann werdet ihr erleben, was ihr nie vergessen dürft: Kirche, das sind nicht nur die anderen.

Kirche, das seid ihr!

Gemeinsam sind wir stark

Wenn ihr als Konfi-Gruppe zusammenwachst, wirst du zwei Erfahrungen machen. Die erste heißt: Gemeinsam sind wir stark. Ich kann mich auf die anderen verlassen. Gemeinsam können wir mehr erreichen als einer allein. Als Konfi-Gruppe erlebt ihr, was Kirche bedeutet: Wir gehören als Kinder Gottes zusammen und ich gehöre dazu.

Du bist gefragt

Sicher hast du auch schon die Kehrseite erlebt: In einer Gruppe will keiner Außenseiter sein. Deshalb muss man sich anpassen, wenn man dazugehören will. Wenn man anderer Meinung ist als die Mehrheit, hält man besser den Mund – sonst wird man womöglich ausgelacht und nicht mehr ernst genommen. In jeder Gruppe gibt es diesen Gruppendruck. Lass dich nicht von ihm erdrücken, denn im Konfirmandenunterricht gilt: Deine persönliche Meinung und dein Beitrag sind gefragt. Ohne dich und deine Meinung würde etwas fehlen. Eine Gruppe braucht kritische Mitglieder, die sagen, was sie denken, und zu dem stehen, was sie für richtig halten.

Besonders wenn es um die wichtigsten Fragen des Lebens geht, ist gegenseitige Offenheit wichtig. Denn: Glauben, das kannst du nicht allein. Dein Glaube braucht andere Menschen, die von ihren Erfahrungen mit Gott erzählen, er braucht Freunde, mit denen du die Fragen diskutieren kannst, die für dich wichtig sind. Und er braucht Vorbilder, deren Glaube glaubwürdig ist und bei denen Reden und Handeln zusammenpassen.

»Ihr seid Kirche«

»Kirche« bedeutet ursprünglich: »zu Jesus gehörend, auf Jesus bezogen«. Das kann zwar auch für ein Gebäude gelten, aber vor allem geht es dabei um Menschen.

Kirche ist deshalb jedes Treffen von Menschen, die sich mit Jesus beschäftigen. Weil ihr das in eurer Konfirmandengruppe tut, seid ihr Kirche.

Jesus Christus spricht:

Mir ist gegeben alle Gewalt im Himmel

und auf Erden. Darum gehet hin

und machet zu Jüngern alle Völker:

Taufet sie auf den Namen des Vaters

und des Sohnes und des Heiligen Geistes

und lehret sie halten alles,

was ich euch befohlen habe.

Und siehe, ich bin bei euch

alle Tage bis an der Welt Ende.

Matthäus 28,18–20

So spricht Gott, der Herr, der dich geschaffen hat:

Fürchte dich nicht, denn ich habe dich erlöst.

Ich habe dich bei deinem Namen gerufen.

Du bist mein.

Jesaja 43,1b

Taufe – Gott sagt ja zu dir

Wenn du schon als Säugling getauft wurdest, wirst du dich nicht mehr an deine Taufe erinnern. Aber vermutlich gibt es Bilder von deinem Fest. Seitdem hast du Paten. In der Taufe wird dir persönlich zugesprochen: »Ich, dein Gott, stehe zu dir und nehme dich an. Du bist mein Kind!« Dies ist ein für allemal gültig und an keine Voraussetzungen gebunden. Durch die Taufe gehörst du zur Gemeinschaft der Christen. In der Taufe wirkt der Heilige Geist auf geheimnisvolle Weise. Das Wasser soll sein Wirken für uns zeichenhaft sichtbar machen: Der alte Mensch geht unter, ein neuer Mensch wird geboren. Wenn für dich die Konfirmation mit der Taufe zusammenfällt, befindest du dich in guter Gesellschaft. Denn ursprünglich wurden nur Erwachsene getauft. Dieser Taufe ging eine intensive Vorbereitungszeit voraus. Heute werden in der Regel Kinder getauft und aus der Vorbereitung ist eine Nachbereitung im Konfirmandenunterricht geworden. Mit der Konfirmation wird deine Taufe bekräftigt.

Taufhandlung

Der Pfarrer/die Pfarrerin gießt das Wasser in das Taufbecken.

»So bringt das Kind herzu, dass es die Heilige Taufe empfange.«

Der Pfarrer/die Pfarrerin schöpft mit der Hand dreimal Wasser aus dem Taufbecken, gießt es über die Stirn des Täuflings und spricht dabei:

»[Name des Täuflings], ich taufe dich auf den Namen Gottes des Vaters und des Sohnes und des Heiligen Geistes.«

Tauffrage

Im Taufgottesdienst werden die Eltern und Paten gefragt: »Wollt ihr, dass euer Kind auf den Namen Gottes des Vaters und des Sohnes und des Heiligen Geistes getauft wird? So antwortet: Ja, ich will! Seid ihr bereit, das Eure dazu beizutragen, dass euer Kind als Glied der Gemeinde Jesu Christi erzogen wird? So antwortet: Ja, mit Gottes Hilfe! Gott gebe euch zum Wollen das Vollbringen.«

Patenamt

Das Wort »Pate« kommt vom lateinischen Wort »patrinus« und heißt Bürge oder Beistand. Paten sind Zeugen der Taufe und verbürgen sich dafür, dass die getauften Kinder etwas von Gott hören und im christlichen Glauben aufwachsen. Früher hatten sie auch das Sorgerecht für die Kinder, wenn den Eltern etwas zustieß. Mit der Konfirmation kannst du Pate/Patin werden.

Wenn du Pate/Patin würdest, was wäre dir wichtig?

Wasser

Wasser ist die Quelle allen Lebens. Im Mutterleib werden wir davon umgeben. Wasser erfrischt, es reinigt und macht lebendig. Wasser hat aber auch riesige Kräfte und kann zerstören. Wenn wir mit Wasser taufen, wird an diese Bedeutungen erinnert.

Taufkerze

Die Taufkerze ist ein Erinnerungszeichen. Sie steht als Erinnerung an Jesus, der von sich sagt: »Ich bin das Licht der Welt. Wer mir nachfolgt, wird nicht wandeln in der Finsternis, sondern wird das Licht des Lebens haben.« Wer diese Kerze bekommt, soll selbst zum Lichtträger für andere werden.

Name

Die Taufe geschieht auf den Namen Gottes des Vaters und des Sohnes und des Heiligen Geistes. Der Name Gottes »JAHWE« ist zugleich ein Versprechen: Ich bin bei dir und begleite dich! Namen haben eine tiefere Bedeutung – auch dein Name.

Kennst du die Bedeutung deines Namens? Wenn nicht, schlage in einem Namenslexikon nach.

Du bist Du

Vergiss es nie: Dass du lebst, war keine eigene Idee,
und dass du atmest, kein Entschluss von dir.
Vergiss es nie: Dass du lebst, war eines anderen Idee,
und dass du atmest, sein Geschenk an dich.

Vergiss es nie: Niemand denkt und fühlt und handelt so wie du,
und niemand lächelt so, wie du's grad tust.
Vergiss es nie: Niemand sieht den Himmel ganz genau wie du,
und niemand hat je, was du weißt, gewusst.

Vergiss es nie: Dein Gesicht hat niemand sonst auf dieser Welt,
und solche Augen hast alleine du.
Vergiss es nie: Du bist reich, egal ob mit, ob ohne Geld,
denn du kannst leben! Niemand lebt wie du.

Du bist gewollt, kein Kind des Zufalls, keine Laune der Natur,
ganz egal, ob du dein Lebenslied in Moll singst oder Dur.
Du bist ein Gedanke Gottes, ein genialer noch dazu.
Du bist du, das ist der Clou,
ja der Clou, ja du bist du.

Jürgen Werth

In der Taufe sagt Gott

»Ja« zu dir: »Ich begleite dich, ich lasse dich nicht allein mit deinen Hoffnungen und Wünschen, mit deinen Fragen und Zweifeln. Ich, dein Gott, bin mit dir!«

Es gibt Worte, die verletzen uns, die tun uns weh. Sie trennen uns voneinander.

Es gibt Worte, die stärken uns, die hören wir gerne, die brauchen wir, damit es uns gut geht. Ein solches gutes Wort, das dich begleitet, ist der Segensspruch, der dir bei der Taufe mit auf den Weg gegeben wird: »Fürchte dich nicht, ich habe dich erlöst, ich habe dich bei deinem Namen gerufen, du bist mein.«

Die Taufe entfaltet ihre Wirkung in deinem Leben, wenn du dich daran erinnerst: Ich bin getauft, ich bin ein Kind Gottes, so wie es das nebenstehende Lied beschreibt.

Der Tauftag ist dein Geburtstag als Christ. Deshalb kannst du ihn ähnlich gestalten. Du kannst deine Taufkerze auf den Tisch stellen und anzünden. Du kannst die Bilder deiner Tauffeier anschauen.

1. Kennst du deinen Taufspruch? Hat er eine Bedeutung für dich? Frage zu Hause und sieh in eurem Familienstammbuch nach.

2. Frage deine Eltern, warum sie diesen Spruch ausgesucht haben.

Der Herr Jesus in der Nacht, da er verraten ward
und mit seinen Jüngern zu Tische saß, nahm das Brot,
sagte Dank und brach's, gab's seinen Jüngern und sprach:
Nehmet hin und esset; das ist mein Leib, der für euch gegeben wird.
Das tut zu meinem Gedächtnis.
Desgleichen nach dem Mahl nahm er den Kelch,
sagte Dank, gab ihnen den und sprach: Trinket alle daraus;
das ist mein Blut des Neuen Bundes, das für euch und
für viele vergossen wird zur Vergebung der Sünden.
Das tut zu meinem Gedächtnis.

nach 1. Korinther 11,23–26

Lobe den Herrn, meine Seele,

und was in mir ist, seinen heiligen Namen.

Lobe den Herrn, meine Seele,

und vergiss nicht, was er dir Gutes getan hat!

Der dir alle deine Sünde vergibt

und heilet alle deine Gebrechen;

der dein Leben vom Verderben erlöst,

der dich krönet mit Gnade und Barmherzigkeit.

Psalm 103,1–4

Abendmahl – die besondere

Kurz vor seinem Tod feierte Jesus mit seinen Jüngern eine besondere Mahlzeit, das jüdische Passamahl. Dabei gab er dem Brot und dem Wein, die auf dem Tisch standen, durch die »Einsetzungsworte« eine neue Bedeutung. Sie sollten die Jünger erinnern an diese besondere Begegnung mit ihm. Seit diesem ersten Abendmahl ist Jesus bei jedem Abendmahl gegenwärtig: Wo diese Worte gesprochen und gehört werden, schließt Jesus die dort versammelten Menschen auf unsichtbare Weise zusammen, indem er sich selbst hingibt. Das ist seine Botschaft mit dem großen Geheimnis: Du bist ein Teil der Gemeinschaft und alle gemeinsam seid ihr mit Gott verbunden. Das, was du falsch gemacht hast in deinem Leben, deine Sünden, vergebe ich dir.

Wenn du in einer evangelischen Kirche zum Abendmahl gehst, wird dir vielleicht eine kleine, aber wichtige Ankündigung nicht groß auffallen: »Wir feiern heute das Abendmahl. Dazu laden wir im Namen Jesu Christi herzlich ein!« Nicht die Kirche oder sonst wer, Jesus selbst lädt dich und alle anderen zum Abendmahl ein.

Alle sind eingeladen!

Begegnung mit Jesus

Sündenbekenntnis

Mit dem Sündenbekenntnis bereitest du dich gemeinsam mit den anderen Gottesdienstbesuchern auf die Feier des Abendmahls vor. Es wird im Gottesdienst vom Pfarrer stellvertretend für alle gesprochen. Nach der Zustimmung der Anwesenden zu diesem Bekenntnis wird allen Gottes Vergebung zugesprochen.

Einsetzungsworte

Die Einsetzungsworte hat Jesus bei seiner letzten gemeinsamen Mahlzeit mit seinen Jüngern gesprochen. Seine Worte haben etwas verändert. Eine einfache Mahlzeit wandelt sich zu einer Begegnung mit Jesus selbst. Wenn diese Worte im Gottesdienst wiederholt werden, dann wirst du in diese Begegnung und Gemeinschaft hinein genommen.

Friedensgruß

Der Friedensgruß vor der Austeilung des Abendmahls zeigt dir, wie sehr du mit den anderen zu einer Gemeinschaft verbunden bist und dass Christus diese Gemeinschaft gestiftet hat. Meist geschieht der Friedensgruß in der Form, dass jeder und jede dem Nachbarn die Hand reicht und dabei sagt: »Friede sei mit dir!«

Brot und Wein

Brot und Wein sind mehr als Lebensmittel. Sie stehen für das Notwendige und Besondere des Lebens. Das Brot für den Alltag, der Wein für das Fest.

Dankgebet

Nach jedem Abendmahl wird ein Dankgebet im Wechsel gesprochen. Es beginnt meistens mit den ersten Versen des 103. Psalms.

Jesus kommt auf den Tisch

Hast du schon gemerkt, dass im Abendmahl eine dramatische Geschichte steckt? Sie spielt sich innerhalb von nur vier Tagen ab. Gleich nach seinem letzten gemeinsamen Essen mit den Jüngern (Gründonnerstag) wird Jesus verhaftet, verhört und verurteilt. Er wird gefoltert und nur ein paar Stunden später am Kreuz hingerichtet (Karfreitag). Doch zwei Tage darauf geschieht die große Wende: Jesus steht auf von den Toten (Ostern)!
Dieses Geschehen, vom letzten gemeinsamen Mahl Jesu mit seinen Jüngern bis zu seiner Auferstehung, ist in jedem Abendmahl enthalten, bewahrt wie in einer Schatzkiste, verborgen in einem Schluck Wein und in einem Bissen Brot. Die ganze Geschichte Jesu kommt auf den Tisch, wenn in deiner oder einer anderen Kirche vorne auf dem Altar Brot und Wein stehen. Wenn du zum Abendmahlstisch gehst, kommt dir diese Geschichte Jesu entgegen. Und du bringst deine Geschichte mit an den Tisch.
So wirst nicht nur du Teil der Geschichte Jesu, wenn du seinen Leib isst und sein Blut trinkst, sondern auch deine Geschichte wird Teil des Lebens Jesu. Je nachdem, was für ein Tag gerade ist oder wie deine Lebensgeschichte aussieht, wird der eine oder andere Teil dieser Geschichte im Vordergrund stehen und die Form der Feier für dich prägen.

Frage Kirchengemeinderäte oder den Pfarrer bzw. die Pfarrerin, welche Möglichkeiten des Feierns es in deiner Gemeinde gibt. Ihr könnt sie auch im Unterricht ausprobieren oder nachstellen. Welche Form erscheint dir angemessen? Welche ist dir persönlich angenehm? Stelle dir vor, du wärst Pfarrer/in oder Kirchengemeinderat. Wie würdest du die Abendmahlsfeier verändern?

Der Abendmahlstisch ist

kein Richtertisch, vor dem du stehst und an dem über dich geurteilt wird,

kein Ladentisch, an dem dir irgendjemand etwas verkaufen möchte,

kein Schreibtisch, an dem du Schularbeiten oder sonst etwas erledigen musst,

kein Stammtisch, zu dem du nur kommen kannst, wenn du
die anderen alle kennst und sie dich einladen.

Vater unser im Himmel.
Geheiligt werde dein Name.
Dein Reich komme.
Dein Wille geschehe, wie im Himmel, so auf Erden.
Unser tägliches Brot gib uns heute.
Und vergib uns unsere Schuld,
wie auch wir vergeben unsern Schuldigern.
Und führe uns nicht in Versuchung,
sondern erlöse uns von dem Bösen.
Denn dein ist das Reich und die Kraft
und die Herrlichkeit in Ewigkeit.
Amen.

nach Matthäus 6, 9–13

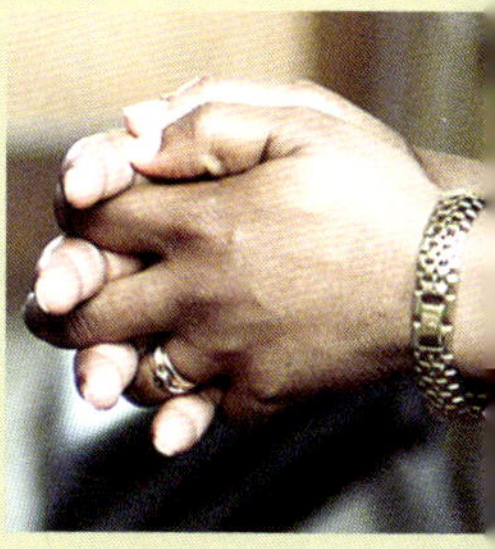

Der Herr ist mein Hirte,
mir wird nichts mangeln.
Er weidet mich auf einer grünen Aue
und führet mich zum frischen Wasser.
Er erquicket meine Seele.
Er führet mich auf rechter Straße um seines Namens willen.
Und ob ich schon wanderte im finstern Tal,
fürchte ich kein Unglück;
denn du bist bei mir,
dein Stecken und Stab trösten mich.
Du bereitest vor mir einen Tisch
im Angesicht meiner Feinde.
Du salbest mein Haupt mit Öl
und schenkest mir voll ein.
Gutes und Barmherzigkeit werden mir folgen
mein Leben lang, und ich werde bleiben im Hause
des Herrn immerdar.

Psalm 23

Was ist das Gebet?

> Das Gebet ist ein Reden des Herzens
> mit Gott in Bitte und Fürbitte,
> Dank und Anbetung.

»Danke, Gott ...«

Du kannst Gott **danken,**
wenn du entdeckst, was
Gott dir in deinem Leben
an Gutem und Schönem
geschenkt hat. Das ist
eine ganze Menge!

*Lobe den Herrn, meine Seele,
und vergiss nicht, was er dir
Gutes getan hat. (Psalm 103)*

»Gott, hilf mir ...«

Beten heißt Gott um etwas
bitten. Schon das kürzeste
Stoßgebet ist ein echtes
Gebet. Beten heißt in der
Erwartung leben, dass Gott
etwas verändern kann – an
einer Situation, an anderen
Menschen und sogar an dir.

*Ich rufe zu Gott, der meine
Sache zu einem guten Ende
führt. (Psalm 57)*

»Vater unser ...«

Du kannst zu Gott beten,
wie ein Kind mit seinem Vater
oder seiner Mutter redet.
Er ist die richtige Adresse für
alle Wünsche und Sorgen,
die du hast. Gott hört dein
Gebet, auch wenn er nicht
alles sofort erhört – jeden-
falls nicht immer so, wie du
es dir vorgestellt hast.

»Mein Gott, warum ...?«

Es gibt Dinge im Leben,
über die man nur **klagen**
kann: über Krankheit,
Ungerechtigkeit, Tod. Gott
kannst du alles sagen, er
hält auch die härtesten
Vorwürfe aus.

*Du bist doch immer mein
Schutz gewesen! Warum hast
du mich jetzt verstoßen?
Warum geht es mir so elend?
(Psalm 43)*

»Gott, du bist so genial ...«

Vielleicht geht es dir auch
manchmal so, dass du über
Gott und seine Schöpfung
nur noch staunst, wie groß-
artig und gleichzeitig liebe-
voll er ist. Gott freut sich,
wenn du ihm das in Form
der **Anbetung** auch sagst.

*Herr, was für Wunder hast du
vollbracht! Alles hast du weise
geordnet. (Psalm 104)*

»Gott, denke doch an ...«

Im Gebet denke ich nicht
nur an mich.
In der **Fürbitte** bete ich
für andere Menschen, die
besondere Hilfe und Unter-
stützung brauchen: Freun-
de, Verwandte, Not Leiden-
de auf der ganzen Welt.

*Der Herr gebe dir Antwort,
wenn du in Not gerätst und zu
ihm schreist; er selbst, der Gott
Jakobs, sei dein Beschützer.
(Psalm 20)*

Bitte beten!

■ **Es gibt Orte,** die eignen sich besser zum Beten als andere. Suche dir Orte, wo dir das Beten leicht fällt, dann gelingt es auch leichter, wenn du im Stress bist.

■ **Beten braucht Ruhe,** innere und äußere. Deshalb hilft es, erst einmal vieles »abzuschalten«, was deine Aufmerksamkeit beansprucht. Suche dir am besten einen ruhigen Ort. Viele schließen beim Beten die Augen, damit sie nicht abgelenkt werden, oder falten die Hände. Übrigens kann dir auch ruhige Musik dabei helfen, zur Ruhe zu kommen. Es gibt viele Lieder, die selbst schon ein Gebet sind, in das man einfach einstimmen kann.

■ **Beten ist eine innere Haltung,** die man auch äußerlich ausdrücken kann: Es gibt viele Gebetshaltungen, die du einmal ausprobieren kannst. Beten mit erhobenen Armen; beten im Knien, auch auf einem Gebetsbänkchen; beten im Liegen auf dem Bauch oder auf dem Rücken; beten mit gefalteten oder aneinander gelegten Händen oder mit dem Gesicht in den Händen.

■ **Beten braucht Übung,** nur wenn du immer wieder und möglichst regelmäßig betest, wirst du erleben, wie sich durch Gebet etwas verändert. Deshalb hilft es, wenn du für dich eine gewisse Regelmäßigkeit entwickelst und z.B. morgens nach dem Aufstehen oder abends vor dem Schlafengehen betest.

Vom Bitten

Bittet, so wird euch gegeben.
Suchet, so werdet ihr finden.
Klopfet an, so wird euch aufgetan.

Matthäus 7,7

O Herr, tausend Jahre
haben wir gebraucht,
um dich zu finden,
noch mal tausend Jahre,
um dich zu verstehen.
O Herr, gib, dass wir
die nächsten tausend Jahre
damit verbringen,
dir zu folgen.
In Frieden wollen wir dir folgen,
in gegenseitigem Einvernehmen,
in Liebe. Amen.

Elsa Bontempi, 14 Jahre, Italien

Du hast uns zu dir hin geschaffen,
und unruhig ist unser Herz,
bis es Ruhe findet in dir.

Augustinus

Danke, dass du mir jeden Tag
neue Kraft zum Glauben gibst.
Danke, dass du mir jeden Tag
Mut zum Weitermachen gibst.
Danke, dass du mir ein neues Gefühl
für das Leben gegeben hast.
Danke, dass du so bist, wie du bist.

Christiane Eggert, 15 Jahre, Deutschland

Gott gebe mir die Gelassenheit,
Dinge hinzunehmen, die ich nicht ändern kann,
den Mut, Dinge zu ändern, die ich ändern kann,
und die Weisheit, das eine
vom anderen zu unterscheiden.

Reinhold Niebuhr

Lieber Gott, wenn es dich wirklich gibt,
komm zu uns auf die Erde.
Dann kannst du dir diesen ganzen
Schlamassel mal selbst ansehen. Amen.

Johanna Paschinger, 15 Jahre, Österreich

Mach mich frei von meinen Ängsten,
von meiner Unruhe und meiner Nervosität,
von der Spannung, die auf mir lastet,
und lass meine Seele einfach fliegen.

Diana Patricia Gamba, Kolumbien

In mir ist es finster,
aber bei dir ist das Licht.
Ich bin einsam,
aber du verlässt mich nicht.
Ich bin kleinmütig,
aber bei dir ist die Hilfe.

Ich bin unruhig,
aber bei dir ist Friede.
In mir ist Bitterkeit,
aber bei dir ist die Geduld.
Ich verstehe deine Wege nicht,
aber du weißt den Weg für mich.

Dietrich Bonhoeffer

ABENDSEGEN

Das walte Gott Vater, Sohn und Heiliger Geist,
Amen.
Ich danke dir, mein himmlischer Vater,
durch Jesus Christus, deinen lieben Sohn,
dass du mich diesen Tag gnädiglich behütet hast,
und bitte dich,
du wollest mir vergeben alle meine Sünde,
wo ich Unrecht getan habe,
und mich diese Nacht auch gnädiglich behüten.
Denn ich befehle mich, meinen Leib und Seele
und alles in deine Hände.
Dein heiliger Engel sei mit mir,
dass der böse Feind keine Macht an mir finde.
Amen.

Martin Luther

Allmächtiger Gott,
hilf mir, nicht mit dem
Strom zu schwimmen,
nur weil das einfacher ist.

*Miriam Gensowski, 17 Jahre,
Deutschland*

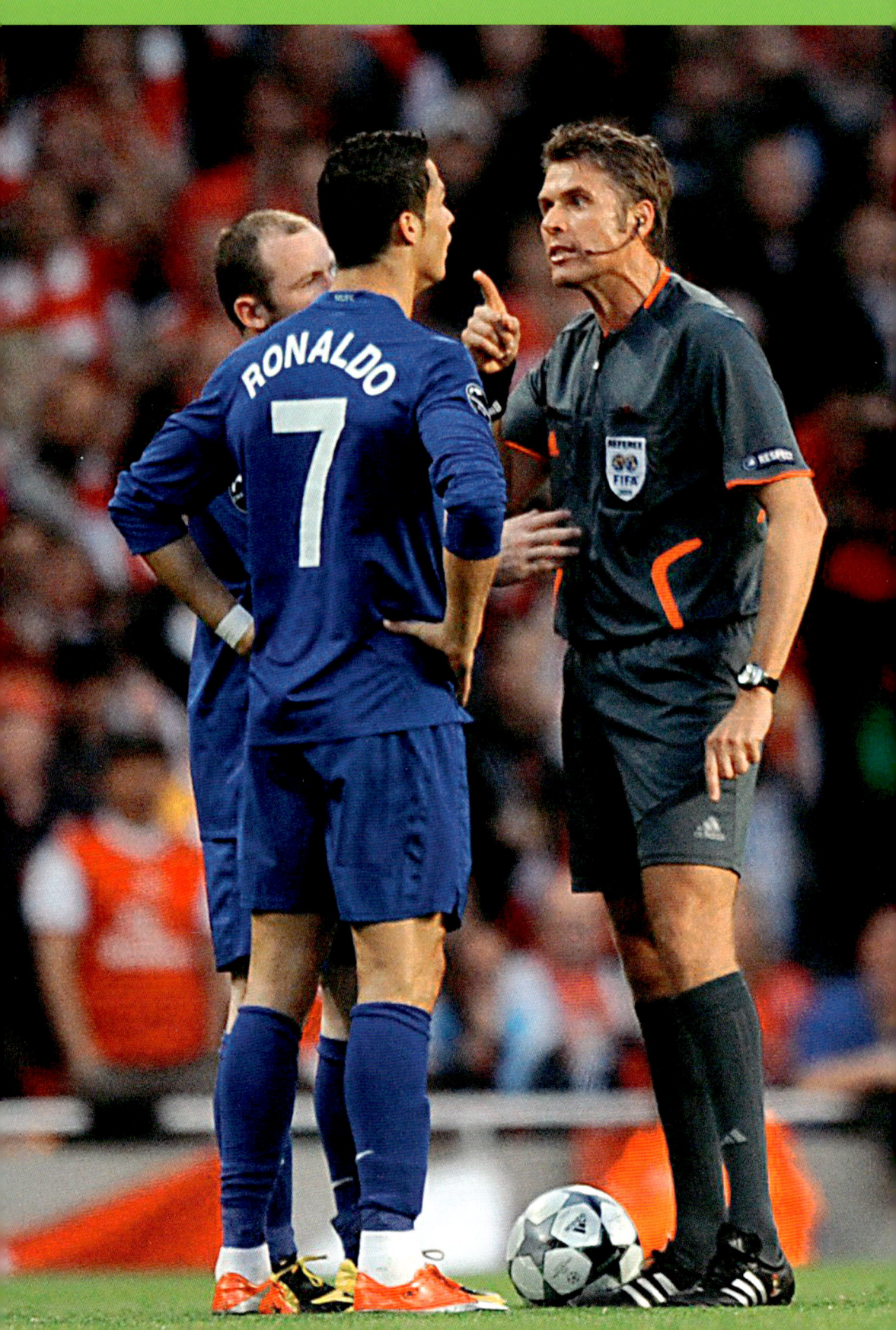

Das erste Gebot	Ich bin der Herr, dein Gott, du sollst keine anderen Götter haben neben mir.
Das zweite Gebot	Du sollst den Namen des Herrn, deines Gottes, nicht missbrauchen.
Das dritte Gebot	Du sollst den Feiertag heiligen.
Das vierte Gebot	Du sollst deinen Vater und deine Mutter ehren, auf dass dir's wohlgehe und du lange lebest auf Erden.
Das fünfte Gebot	Du sollst nicht töten.
Das sechste Gebot	Du sollst nicht ehebrechen.
Das siebte Gebot	Du sollst nicht stehlen.
Das achte Gebot	Du sollst nicht falsch Zeugnis reden wider deinen Nächsten.
Das neunte Gebot	Du sollst nicht begehren deines Nächsten Haus.
Das zehnte Gebot	Du sollst nicht begehren deines Nächsten Weib, Knecht, Magd, Vieh, noch alles, was sein ist.

2. Mose 20; 5. Mose 5

Das Doppelgebot der Liebe

Jesus Christus spricht: Du sollst den Herrn, deinen Gott,
lieben von ganzem Herzen, von ganzer Seele
und von ganzem Gemüt.
Dies ist das höchste und größte Gebot.
Das andere aber ist dem gleich:
Du sollst deinen Nächsten lieben wie dich selbst.

Matthäus 22,37–39

Menschen brauchen Regeln,
wenn sie zusammenleben
wollen. Leider werden Regeln
oft nur eingehalten, wenn es
Strafen gibt. Viel besser ist es
aber, wenn man einsieht,
warum bestimmte Regeln not-
wendig sind. Deshalb ist es
gut, immer wieder über den
Sinn einer Regel nachzudenken
und darüber zu diskutieren:
Brauchen wir diese Regel überhaupt oder finden wir eine
bessere, durch die wir sie er-
setzen können?
Denn Regeln können auch
überflüssig oder sogar unge-
recht sein. Trotzdem: Ohne
Gebote und Regeln geht es
nicht.

Stell dir einmal vor,
es gäbe in einer Gruppe wie
eurer Konfirmandengruppe
keine Regeln, die sagen, wie
man sich benehmen soll.
Jeder macht einfach, was er
oder sie für richtig hält. Wäre
das die absolute Freiheit?
Wahrscheinlich wäre es eher
Chaos pur. Ihr könntet kein
Gespräch führen, weil keiner
dem andern zuhören würde.
Ihr könntet nie anfangen, weil
nie alle gleichzeitig da wären.
Und die Schwächeren müssten
sich von den Stärkeren alles
gefallen lassen.

Regeln geht es nicht

Für viele Menschen, selbst für solche, die nicht an Gott glauben, sind die **Zehn Gebote** die knappste Zusammenfassung der Regeln, die ein Mensch beachten sollte. Sie sind an zwei Händen abzählbar und bilden die Grundlage unseres Zusammenlebens. Gott hat uns diese Gebote gegeben, damit wir mit ihm und miteinander auskommen.

Das erste Gebot

»Ich bin der Herr, dein Gott, du sollst keine anderen Götter haben neben mir.«
Als Christen glauben wir, dass es einen Gott gibt, der für jeden einzelnen Menschen da ist und zu dem man beten kann.

Woran du dein Herz hängst, das ist dein Gott.

Wer und was ist dir im Leben das Wichtigste? Gibt es einen Menschen, einen Gegenstand, ein Hobby, von dem du alles im Leben erwartest? Das kann zu deinem »Gott« werden. Wir aber sollen freie Menschen sein, von niemand und nichts abhängig, weil es nur einen Gott gibt.

Woran hängst du dein Herz?

Gottesliebe und Nächstenliebe

Die Liebe ist geduldig. Gütig ist sie, die Liebe. Die Liebe ereifert sich nicht. Sie prahlt nicht und spielt sich nicht auf. Sie ist nicht taktlos. Sie sucht nicht den eigenen Vorteil. Sie ist nicht reizbar. Sie trägt das Böse nicht nach. Sie freut sich nicht, wenn Unrecht geschieht. Aber sie freut sich, wenn die Wahrheit siegt. Sie erträgt alles. Sie glaubt alles. Sie hofft alles. Sie hält allem stand. Was bleibt, sind Glaube, Hoffnung, Liebe – diese drei. Doch am größten von ihnen ist die Liebe.

1. Korinther 13,4–7.13

Vor vielen Jahrhunderten lebte in China ein weiser, mächtiger und friedfertiger Kaiser. Eines Tages kündigte er zur Bestürzung seiner Ratgeber an, das Land seiner Feinde zu erobern und sie alle zu vernichten. Umso größer war die Verwunderung, als man den Kaiser wenig später mit seinen Feinden speisen und scherzen sah. »Wolltest du nicht deine Feinde vernichten?«, fragten ihn seine Untertanen. Der Kaiser antwortete: »Ich habe sie vernichtet. Ich machte sie zu meinen Freunden.«

Geschichte aus China

Was hat Liebe denn mit Geboten zu tun? Die Antwort ist einfach: Wer liebt, tut dem andern nichts Böses, will das Beste für ihn. Das gilt für Eltern, die ihre Kinder lieben, genauso wie für jemand, der frisch verliebt ist und sich überlegt, wie er diese Liebe ausdrücken könnte. Und wer Gott liebt, der liebt auch die Menschen und die Schöpfung. Der Kirchenvater Augustinus sagt es sogar noch knapper: Liebe, und dann tu, was du willst.

Was andere Konfirmanden über die Liebe meinen:

Gottes Liebe

Gottes Liebe besteht darin, dass für ihn alle Menschen gleich sind. Gott liebt die Menschen und respektiert sie so, wie sie sind. Aus Liebe hat Gott sogar seinen einzigen Sohn hergegeben. Gottes Liebe war schon immer als erstes da. Kurz gesagt: Gott muss alle Menschen lieben, da wir alle Gottes Kinder sind.

Lisa und Katharina

Nächstenliebe

Egal aus welchem Land man kommt, man muss Verletzten und Kranken immer helfen, auch wenn man keine Zeit hat. Für so etwas sollte man sich immer Zeit nehmen. Nächstenliebe ist, wenn man immer und jederzeit bereit ist, einem anderen zu helfen. Man soll seinen Mitmenschen lieben wie sich selbst.

Corinna und Isabel

Liebe zu sich selbst

Sich selbst zu lieben heißt an sich glauben. Du musst dich selbst so annehmen, wie du bist, das liegt in der Natur des Menschen. In Psalm 8 lesen wir, dass Gott den Menschen nicht viel geringer geschaffen hat, als er selbst ist. Du kannst niemanden lieben, solange du dich selber nicht magst. Jeder Mensch kann sich lieben, da jeder eine Menschenwürde besitzt. Ich habe mir nie überlegt, ob man sich selber lieben kann oder muss, aber jeder muss sich mit sich selbst identifizieren, damit er das Leben bewältigen kann. Kurz gesagt: Sich selbst zu lieben ist die Grundlage der Nächstenliebe.

Steffen und Hannes

Ich glaube an Gott den Vater,
den Allmächtigen,
den Schöpfer des Himmels und der Erde,

und an Jesus Christus,
seinen eingeborenen Sohn, unsern Herrn,
empfangen durch den Heiligen Geist,
geboren von der Jungfrau Maria,
gelitten unter Pontius Pilatus,
gekreuzigt, gestorben und begraben,
hinabgestiegen in das Reich des Todes,
am dritten Tage auferstanden von den Toten,
aufgefahren in den Himmel;
er sitzt zur Rechten Gottes,
des allmächtigen Vaters;
von dort wird er kommen,
zu richten die Lebenden und die Toten.

Ich glaube an den Heiligen Geist,
die heilige christliche Kirche,
Gemeinschaft der Heiligen,
Vergebung der Sünden,
Auferstehung der Toten
und das ewige Leben. Amen.

Ich glaube an Gott den Vater ...

Gott hat viele Seiten. Im ersten Artikel des Glaubensbekenntnisses werden drei Eigenschaften Gottes herausgestellt. In ihnen gibt sich Gott zu erkennen.

Gott ist **Vater**, weil er der Vater Jesu ist und sich um jeden Menschen sorgt und kümmert. Du kannst Gott Vater nennen, weil er auch dich durch alle Situationen deines Lebens trägt, wenn du ihn darum bittest.

Gott ist **allmächtig**, weil er über alle Dinge herrscht und nicht an Raum und Zeit gebunden ist. Du kannst dich auf seine Macht verlassen. Er wird diese Welt und dich nicht fallen lassen.

Gott ist **Schöpfer**, weil alle Dinge und alles Leben, das ist und das sein wird, durch sein Wort geschaffen wird. Er hat auch dich geschaffen, so wie du bist und – Gott liebt dich so, wie du bist. Er möchte, dass du deine Möglichkeiten entdeckst und das Beste aus ihnen machst.

Welche Eigenschaft,
welche Seite Gottes spricht dich an?
Wer ist Gott für dich?

Herr, wie sind deine Werke so groß
und viel! Du hast sie alle weise geordnet,
und die Erde ist voll deiner Güter.

Psalm 104,24

... und an Jesus Christus

Das Glaubensbekenntnis erzählt in Stichworten
die Lebensgeschichte von Jesus Christus, die im Stall
von Bethlehem beginnt und ihn in den Himmel an die
Seite Gottes des Vaters führt. »Jesus war ein Mensch
wie du«, und »Jesus ist der Sohn Gottes«: Beide Sätze
sind gleich wichtig.

Bei allem, was in seinem Leben geschah, war Jesus
immer beides, ganz Mensch und ganz Gott. Darum
kannst du ihn als deinen Bruder ansehen und gleichzeitig
kannst du zu ihm beten wie zu Gott. Das Entscheidende
an ihm ist, dass er durch seinen Tod am Kreuz alles
Trennende zwischen Gott und den Menschen weg-
genommen hat. Jeder kann durch den Glauben an ihn
Gemeinschaft mit Gott haben. Diese Gemeinschaft hat
über den Tod hinaus Bestand. Das sichtbare Zeichen
dafür ist das Kreuz. Wer es trägt, bringt damit zum
Ausdruck: Ich gehöre zu dieser Gemeinschaft,
die durch Jesus, den Sohn Gottes, ins Leben
gerufen wurde.

Also hat Gott die Welt geliebt,
dass er seinen eingeborenen Sohn gab,
damit alle, die an ihn glauben,
nicht verloren werden,
sondern das ewige Leben haben.

Johannes 3,16

empfangen durch den Heiligen Geist,
geboren von der Jungfrau Maria,
gelitten unter Pontius Pilatus,
gekreuzigt, gestorben und begraben,
hinabgestiegen in das Reich des Todes,
am dritten Tage auferstanden von den Toten,
aufgefahren in den Himmel

Ich glaube

an den Heiligen Geist

Der Heilige Geist ist die Kraft, mit der Gott in uns Menschen wirkt. Wenn Gott Menschen verändert, dann geschieht dies durch das Wirken des Heiligen Geistes.

Die **heilige christliche Kirche** ist nicht einfach ein Ort wie jeder andere. Sie ist die sichtbare, oft auch unsichtbare Gemeinschaft aller Christen auf der Erde. Gemeinsam bilden alle Christen auf geheimnisvolle Weise den Leib Christi. Auch du bist ein Teil dieser großen Kirche, dieses Leibes. Ohne dich würde ihm etwas fehlen.

Die **Gemeinschaft der Heiligen** ist nicht eine Gruppe von auserwählten Christen, sondern meint die Gemeinschaft, die sich in der Feier des Abendmahls bildet. Sie ist heilig, weil der Heilige Geist diese Gemeinschaft von Menschen, die sich zum Teil gar nicht kennen, stiftet.

Die **Vergebung der Sünden** spricht Gott allen Menschen zu, die vor ihm eingestehen, was die Beziehung zu ihm oder zu anderen gestört hat. Das können Beleidigungen, Wut oder Hass, aber auch Nachlässigkeit und Unachtsamkeit sein.

Die **Auferstehung der Toten** verwandelt nicht verweste Leichen in eine Art Zombies, sondern überwindet in einer neuen Existenz Raum und Zeit. Jesus war der erste Auferstandene. Wer an ihn glaubt, den lässt er an der Auferstehung teilhaben. Deshalb beginnt die Auferstehung schon jetzt in diesem Leben.

Das **ewige Leben** ist keine unendlich ausgedehnte Zeit, sondern die Fülle des Lebens in Gottes Nähe. Ein Vorgeschmack dieses Lebens wird schon jetzt im Glauben erfahren.

> Gott hat uns nicht gegeben
> den Geist der Furcht,
> sondern der Kraft und der Liebe
> und der Besonnenheit.
>
> 2. Timotheus 1,7

Wenn dich der Zweifel packt

Der Zweifel gehört zum Glauben wie die 42,195 Kilometer zum Marathonläufer: »Werde ich es schaffen? Bin ich überhaupt auf dem richtigen Weg? Wo sind die anderen Läufer? Woher bekomme ich die Kraft für den nächsten Schritt?«

Überraschend ist die Erfahrung, die viele in ihrem Glauben immer wieder machen: Der Glaube wächst gerade dann, wenn ich mit meiner Kraft am Ende bin. Solange ich weiß, dass Gott bei mir ist, kann ich auch Fragen ertragen, auf die es offenbar keine Antwort gibt. Und auch der Glaube der anderen kann mich tragen. Ihr Gottvertrauen kann mich aufrichten.

In solchen Erfahrungen wirkt Gott. Der Zweifel, dass Gott und die Welt auch ganz anders sein könnten, kommt dadurch nicht einfach zum Verstummen. Aber der Zweifel lässt den Glauben wachsen und reifen.

> Durch Zweifeln kommen wir zum Suchen; in der Suche erfassen wir die Wahrheit.
>
> *Petrus Abaelard*

Ich verstehe nicht, warum …
aber ich glaube und hoffe doch!

■ es auf der Welt so viel Leid gibt, aber ich glaube, dass Gott mir in meinem Leiden beisteht und mit allen Leidenden mitgeht!?

■ der Tod nötig ist, aber ich glaube, dass Gott mir ein neues Leben schenken wird!?

■ Menschen einander Böses antun, aber ich glaube, dass Gott auf der Seite der Gerechtigkeit steht und das Böse überwinden wird!?

■ Gott nicht alle Krankheiten auslöscht, wenn er doch angeblich will, dass es allen gut geht, aber ich glaube, dass Gott alle Kranken und Sterbenden an die Hand nimmt und ihnen beisteht!?

■ es Naturkatastrophen geben muss, aber ich glaube, dass am Ende aller Zeit auch die ganze Erde und alle Geschöpfe erlöst werden!?

■ nicht alle Menschen an Gott glauben, aber ich glaube, dass Gott uns die Freiheit lässt, ja oder nein zu ihm zu sagen und wir keine Marionetten sind und er der Puppenspieler!?

andere glauben anders

 Mia Sag mal was glaubst eigentlich du?

 Adem Wie meinst du das?

 Mia religiös :D

 Adem bin Muslim, mein Name ist der Name des ersten Menschen

 Mia heißt bei uns aber Adam

 Adem ist doch der gleiche :)

 Mia müsst ihr eigentlich den Koran auswendig lernen wie wir die Bibel

 Adem klar, aber auf Arabisch

 Mia kannst du das überhaupt

 Adem nicht perfekt, aber man lernt es dabei

 Mia der Islam ist mir schon etwas unheimlich, gibt es da nicht so viele Radikale

 Adem gibt es in eurer Religion auch, ich sag nur Kreuzzüge

 Mia das ist aber lang her, heute gäbs das nicht mehr

 Adem ich finde wir Gläubigen sollten zusammenhalten, immerhin gibt es heute schon viele, die gar nicht mehr an Gott glauben.

 Mia ich bin froh, dass ich Christ bin. Jesus bedeutet mir viel

 Adem Jesus heißt bei uns Isa. Er gilt bei uns als Vorbild. Klar ist Muhammed uns wichtiger, aber Gott steht ja eh über allem

 Mia genau das ist der Unterschied: Jesus ist bei uns nicht ein Prophet, sondern wir beten zu Jesus wie zu Gott.

 Adem ich finde gut, dass wir uns über unsere Unterschiede so offen unterhalten können.

Bekenntnis

Ihr seid auf den Namen des dreieinigen Gottes getauft.
Im Glaubensbekenntnis habt ihr mit uns den christlichen
Glauben bekannt. Nun frage ich euch vor Gott und
dieser Gemeinde:
Wollt ihr mit Jesus Christus leben, im Glauben
an ihn wachsen und in seiner Gemeinde bleiben,
so antwortet: Ja, mit Gottes Hilfe.

Segen

Nimm hin den Heiligen Geist,
Schutz und Schirm vor allem Bösen,
Stärke und Hilfe zu allem Guten,
von der gnädigen Hand Gottes,
des Vaters, des Sohnes und des Heiligen Geistes.

Konfirmation feiern

Du wirst erwachsen. Über deine Zukunft bestimmst du immer mehr selbst. Bei deiner Taufe haben Eltern, Paten und Gemeinde den christlichen Glauben bekannt.

An der Konfirmation bist du nun selbst gefragt, was für dich zählt und was dir wichtig ist, woran du dein Leben festmachst. Konfirmation heißt »festmachen«.

Du bist getauft auf den Namen des dreieinigen Gottes. Bei deiner Taufe wurde dir der Segen Gottes zugesprochen.

An der Konfirmation wirst du unter Handauflegung eingesegnet. Das ist Ausdruck dafür, dass Gott dich stark und fest macht. Er begleitet dich auf deiner Lebensreise. Er, Gott, ist für dich da alle Tage!

Du hast in der Konfirmandenzeit – gemeinsam mit anderen – Erfahrungen mit dem Glauben an Gott gemacht.

An der Konfirmation stimmst du ein in das Glaubensbekenntnis, das die Gemeinde mit allen Christen auf der Welt verbindet.

... im Gottesdienst

Einzug

Du ziehst mit der ganzen Gruppe in die Kirche ein. Die Gemeinde erhebt sich als Zeichen der Anerkennung. Du bist auf dem Weg ins Erwachsensein.

Katechismus

Texte aus der Tradition und eigene Erklärungen des Glaubens werden gesprochen. So bist du mit deinen Worten selbst Teil der christlichen Tradition.

Bekenntnis

Öffentlich bekennst du dich zu deiner Taufe und zum christlichen Glauben, gemeinsam mit den anderen Konfirmandinnen und Konfirmanden.

Konfirmationsspruch

Du bekommst einen persönlichen biblischen Denkspruch, der dich auf deinem Lebensweg begleiten soll.

Segen

Du empfängst den Segen Gottes für deinen Lebensweg. Er sagt zu dir: Ich behüte und begleite dich! Ich segne dich und du sollst ein Segen sein.

... und in der Familie

Die Konfirmation wird gefeiert in Kirche und Familie. Die Konfirmation ist dein erstes Fest, das öffentlich und so groß gefeiert wird. Du stehst im Mittelpunkt!

Mehr als Essen und Trinken ...

Damit ein Fest gelingt, ist einiges zu planen.

■ Wie soll dein Konfirmationsfest aussehen? Was wäre dir wichtig und unverzichtbar?

■ Wen musst du einladen und wen würdest du gerne einladen?

■ Was gibt es für Spiel- und Gestaltungsideen, damit das Fest gelingt?

■ Wer führt durch das Programm und wer hält eine Rede?

Vielen Dank!

Die Konfirmation ist der Ort, an dem du deinen Eltern und Paten danken kannst, die dich bislang begleitet haben.

■ *»Liebe Eltern und Paten, danke, dass ihr mich bisher begleitet habt! Ihr habt mit mir gelacht, wenn es mir gut ging, und mit mir geweint, wenn es mir schlecht ging. Danke! Und danke für das schöne Fest, das ihr heute für mich gestaltet!«*

Und wenn es schwierig wird?

Mit der Konfirmation sind viele unterschiedliche Erwartungen, Ängste und Hoffnungen verbunden, die im Vorfeld zu klären sind.

■ Was machen wir, wenn wir ganz unterschiedliche Vorstellungen vom Fest haben?

■ Was ist, wenn zwischen meinen Eltern oder in der Verwandtschaft Streit herrscht?

Ich lasse mich konfirmieren, weil ...

■ Mir ist wichtig, dass in meinem Leben Gott an meiner Seite ist. Deswegen möchte ich, dass ich konfirmiert werde.
Lisa

■ Konfirmation hängt für mich mit der Taufe zusammen. Denn mit der Konfirmation bestätigt man den Glauben selber, den die Eltern bei der Taufe für einen ausgewählt haben.
Dani

■ Manche Erwachsene denken, wir lassen uns nur konfirmieren wegen dem Geld. Natürlich freut man sich aufs Fest und auf die Geschenke. Aber ich lasse mich auch konfirmieren, weil ich mehr von Gott erfahren will.
Luca

■ Am Anfang machte ich eigentlich nur mit wegen dem Geld. Aber Gott und alles andere interessiert mich immer mehr.
Maike

■ Ich hatte viele Fragen, die im Konfiunterricht besprochen wurden. Zum Beispiel, wieso die Menschen überhaupt an Gott glauben.
Laura

Warum lässt du dich konfirmieren?

Was bleibt?

Am Ende aller Zeit, sag, was bleibt?
Sag mir, woran glaubst du dann?
Am Ende aller Zeit, was wird sein?
Sag mir, woran glaubst du dann?

Liedtext: Beatbetrieb

**Der Herr segne dich und behüte dich.
Der Herr lasse sein Angesicht leuchten
über dir und sei dir gnädig.
Der Herr erhebe sein Angesicht
auf dich und gebe dir Frieden.**

Aaronitischer Segen

Es geht doch darum,
worauf man sich verlassen kann,
wenn einem womöglich der Boden
unter den Füßen wegkracht ...
Da fragt man sich doch:
Was trägt mich denn durch?
Was hält denn länger
als ein paar Stunden?

Tobi Wörner (Beatbetrieb)